Dresden

lieben lernen

*Der perfekte Reiseführer für einen unvergessli-
chen Aufenthalt in Dresden inkl. Insider-Tipps
und Packliste*

Anita Dietrich

✈ INHALT

Packliste

Prolog

Die Dresdner fragen einen gar nicht, ob einem die Stadt gefällt. Sie sagen es einem. Das bringt mich auf den Gedanken, dass man die Städte gewöhnlich in zwei Kategorien einteilen kann: in die selbstsicheren und die anderen.

Eine weise Beobachtung. „Wessen Zitat ist das?". Ich blicke fragend den älteren Herren an, mit dem ich eben im Zug Bekanntschaft geschlossen habe.

„Das ist von Umberto Eco." Er lächelt besonnen, als er mir den Vortritt lässt, aus dem Zug zu steigen. Mit ausladender Geste weist er in die Menschenmassen vor uns, die sich an diesem sonnigen

Freitagnachmittag am Dresdner Hauptbahnhof tummeln. „Ach, schau sie dir an! Geht es nur mir so oder ist es der sinnliche Ruf des Elbpanoramas, der jedes Herz schneller schlagen, jede Brust anschwellen lässt?"

Die Schriftsteller-Seele dieses stattlichen älteren Herren trifft sich heute gut mit meinem persönlichen Vorhaben, einmal aus dem hügeligen Thüringen hinaus zu fahren in eine mir einst vertraute Stadt, die angeblich jedes Herz schneller schlagen lässt: Dresden, auch als „Elb-Florenz" bekannt, sächsische Landeshauptstadt und Magnetpunkt für all diejenigen, die es vorziehen, einen Museumsbesuch unter freiem Himmel zu erleben. Jedenfalls ist das mein Anliegen. Und bei kaum einer ostdeutschen Stadt trifft sich Historie mit Moderne so unmittelbar wie in Elb-Florenz.

Gerade als ich meine neue Bekanntschaft fragen will, ob er auch der Auffassung ist, dass Dresden die kleine Schwester von Prag ist, stelle ich fest, dass ich allein am Gleis unter Fremden stehe, es ist kein älterer Herr wie dieser eben zu sehen. Im Zug meinte er noch hastig, er müsse schnell eine Bahn Richtung Neustadt erwischen, irgendeine Lesung... Nun ja, es ist schade. Ich hätte mich gerne ein wenig von ihm führen lassen, so beschließe ich, wieder mein eigener Herr zu sein und erstmal einen tiefen Schluck Kaffee vor dem Bahnhof zu trinken.

„Ä Schälchen Heeßn, bitte!"

Dieses Sächsisch. Ich brauche gar nicht lange, mich wieder an den Dialekt zu gewöhnen. Und imitiere die korpulente Dame vor mir. Der Kaffee ist heiß und stark gebrüht. Ich erinnere mich, irgendwo gelesen zu haben, dass in Dresden der Kaffeefilter erfunden wurde.

Eine Dame namens- „Da is' noch so 'n Nupsi dran, das musste abfriemeln!" reißt mich die Verkäuferin aus meinem tief vergrabenen Namengedächtnis und nickt mir mit Blick auf meine Kamera zu. Ich merke wie ich erröte. Sie meint die Klappe vor der Linse, durch die ich gerade blicken wollte. Ich schiebe sie weg, gewappnet für ein Wochenende im sächsischen Selbstbewusstsein an der Elbe.

Ah, mir fällt es ein! Eine Dame namens Melitta Bentz ertrug wohl um die Jahrhundertwende den Kaffeesatz im fein- sächsischen Mund nicht mehr, nahm ein Löschpapier des Schulheftes ihres Sohnes zur Hilfe und erfand damit den haushaltsüblichen

Kaffeefilter! Seitdem wird auf Filterkaffe nicht mehr verzichtet, jedenfalls in Dresden nicht. Und am besten schmeckt dazu ein Stück Eierschecke, ich meine „Eiorschäcke". Das ist ein simpler Kuchen aus Hefeteig und Sahne. Zur Weihnachtszeit möchte es aber ein typischer Dresdner Christstollen sein, der jährlich weltbekannte Berühmtheit auf dem Striezel-Markt auf dem Altmarkt erlangt. Doch, Achtung, Insider: ursprünglich kommt der Stollen ja aus Naumburg; die Dresdner haben ihn zwar nicht erfunden, aber ihn über die Ländergrenzen hinweg bekannt gemacht und das Rezept immer mal variiert.

Meine imaginären Bilder von Kuchen und Stollen verpuffen jäh, als ich den Bahnhof endlich verlasse. Ein Trio an jungen Musikern eröffnet mir die ersten Schritte Richtung Straßenbahn, die mich an mein erstes Ziel fahren wird: die Dresdner Frauenkirche.

Meine historische Zeitreise

Auf dem Neumarkt wird mir wieder bewusst, dass Dresden eine wahre Touristenstadt ist. Doch die vielen internationalen Stimmen können nicht darüber hinwegtäuschen, dass ein Großteil der täglichen Besucher vor allem eines ist: Dresdner! Eco hat recht, die Einheimischen lieben ihre Stadt. Kein Wunder bei DER Vielzahl an barocken und renaissancistischen Kulturgütern, die die Stadt, alles nahe beieinander, zu bieten hat. Und fast alles ist sehr einfach zu Fuß zu erreichen! Man kann sich aber auch ganz einfach an der Kirche oder im Hauptbahnhof die „Dresden City Card" kaufen; sie kostet 10 Euro pro Person und ermöglicht zahlreiche Ermäßigungen für geführte Touren, Veranstaltungen, Museen oder Restaurants, die es zu genießen lohnt.

EIN FLUSS ZWISCHEN ALT UND NEU: DIE ELBE

Besonders lohnend ist es, sich einfach eines der Fahrräder auszuleihen und eine Tour auf dem Rad durch die Stadt zu erleben! Entlang der Elbe zieht sich nämlich ein wunderschöner 30 Kilometer langer Grünstreifen durch die Stadt, der Dresden einzigartig macht: die Elbwiesen. Auf ihnen befinden sich gut ausgebaute Radwege, die bei gutem Wetter ein wahrer Genuss sind. Die Wiesen laden ein, zu entspannen, zu baden, eine Bootstour zu unternehmen, kulturelle Angebote wahrzunehmen oder eine Fahrradtour weiter an den Hängen zu machen. Dies ist sehr zu empfehlen, da man einen guten Blick auf die Weinhänge und die dort stationierten drei historischen Schlösser bekommt. Das Schloss

Albrechtsberg, Schloss Eckhard und das Lingner-schloss mitsamt ihren Parkanlagen laden Sie tags-über zu einem Besuch ein! Für Durstige gibt es hier Getränke im Biergarten auf den Lingnerterrassen ausgeschenkt oder Weinverkostungen auf „Weine mit Weitblick", der kleineren Terrasse daneben.

Empfehlenswert ist an dieser Stelle der „Cana-letto-Blick". Der Maler Bernardo Bellotto, genannt Canaletto, schuf ein nach ihm benanntes Gemälde, für das Dresden aus der Ansicht des rechten Elbufers unterhalb der Augustusbrücke Modell stand. Das Bild entstand im Jahre 1748.

Im Vordergrund sind die Elbe und ihre Wiesen zu sehen, dahinter die Brücke, die Frauenkirche und der Turm der Hofkirche. Direkt am Ufer, an dersel-ben Stelle, an der einst der Maler stand, können Be-sucher einen Blick in den dort positionierten Rah-men werfen und erstaunt sein, wie ähnlich die Ku-lisse derjenigen vor über hundert Jahren ist!

DIE FRAUENKIRCHE

An der Kirche angekommen, knipse ich wie meine Artgenossen fleißig eindrückliche Aufnahmen des Gebäudes. Die Frauenkirche gilt als das wohl berühmteste barocke Sakralgebäude der Stadt und ist von hohem Wert als Wahrzeichen Dresdens. Sie diente jahrelang als Mahnmal gegen den 2. Weltkrieg, der während des Dritten Reiches die Stadt verwüstete. Das Innere der Kirche ist rund geschnitten, wohingegen das Äußere quadratisch ist. Eine prächtige barocke Gestaltung in goldenen und pastellfarbenen Tönen lassen das Innere der Kirche erstrahlen. An der Fassade fallen mir die unterschiedlichen Färbungen des Sandsteines auf, die der Geschichte des Gebäudes geschuldet sind ... und ich recherchiere in einem der Infohefte.

Die Frauenkirche ist von besonderem Wert. Ihr Grundriss basiert auf einer Kirche, die im 12. Jahrhundert an derselben Stelle auf dem Neumarkt stand. Diese wurde im 18. Jahrhundert für restaurierungsbedürftig befunden, sodass unter der Leitung von George Bähr damit begonnen wurde, einen Neubau zu erschaffen. Man hatte Großes vor; das lag nicht nur daran, dass es notwendigerweise ein Bau sein musste, der mehr in die Höhe ging als in die Breite, denn auf dem Marktplatz war recht wenig Platz für einen monumentalen Bau. Zum anderen baute man hoch, weil es im barocken Dresden zu der Zeit unter kurfürstlicher Herrschaft „modern" war, gen Sonne zu streben. Gebaut wurde im Jahre 1726 mit Steinen des umliegenden Elbsandsteingebirges. Fertig gestellt wurde der Bau schon 1730, allerdings hinderte ein Problem die Baumeister daran, das Gebäude einzuweihen: die Kuppel des Turmes war einfach nicht zu finanzieren. Wie so oft im Kirchenbau, hatte man sich finanziell verkalkuliert. So wurde beschlossen, die Kuppel aus Stein zu hauen, da dieser günstiger war...doch auch um Mengen schwerer.

Es schien ein Wagnis zu sein, das dennoch, mit zahlreichen Sanierungen verbunden, im Jahr 1938 fertig gestellt wurde.

Im zweiten Weltkrieg wurde die Kirche trauriges Opfer unzähliger Bombardierungen, auf die die am Fuße der Kirche platzierte, ehemalige steinerne Turmkuppel als Mahnmal dient. Sie brannte auch deshalb so schnell nieder, weil das Innere damals vorwiegend mit Holz vertäfelt war und Sandstein leider ein gut brennbares Material ist.

Die Kuppel liegt dekoriert vor der Kirche, da sie nämlich nicht in den Wiederaufbau von 1996- 2005 aufgenommen wurde. Rund vierzig Jahre lang galt, statt mit dem Wiederaufbau zu beginnen, der Trümmerhaufen als Mahnmal. Die unterschiedlichen Steine in den Fassaden, die mosaikartig verteilt sind, lassen sich also aufgrund unterschiedlicher Aufbau- und Zerstörungsprozesse erklären, die heute miteinander kombiniert erscheinen.

Es lohnt sich übrigens wirklich, die Stufen der Kirche auf sich zu nehmen und einen atemberaubenden Blick über die Stadt und Umgebung zu erhaschen! Am besten, man ist gleich gegen 10 Uhr da, dann lohnen sich die acht Euro doppelt! Die Kirche steht für Jedermann tagsüber offen, ob Sie individuell, als geführte Gruppe oder zum Gottesdienst kommen möchten: Die Kirche empfängt hier jeden Gast.

DIE SEMPEROPER UND DER ZWINGER

Vor dem Gebäude der Semperoper, die wenige Schritte entfernt thront, erfahre ich von dem Angebot einer Nachttour durch die Oper, die alles Wissenswerte innerhalb einer Stunde vermittelt. Diese beginnt um 22 Uhr und kostet nur elf Euro pro Person. Da mir gerade ein kurzer, aber intensiver Blick in die Oper genügt, beschließe ich, nicht bis zum Abend zu warten und meine Tour bei Tage weiter zu führen: zum Zwinger.

Der Dresdner Zwinger steht unmittelbar neben dem Operngebäude. Er ist wahrlich ein Gesamtkunstwerk aus Gartenanlage, Museen, Theater- und Musikveranstaltungen.

Ich raste kurz im imposanten quadratischen Innenhof mit Orangenbäumen und lasse meine Augen ruhen auf den Wasserspielen, die im Hof integriert sind. Es befinden sich drei Pavillons, Bogengalerien und ein Nymphen-Bad.

Der Wallpavillon gilt als Highlight der barocken Baukunst. Verschiedene Arbeiten des Künstlers Balthasar Permoser sind in den Pavillon integriert. Dort stehen Werke vom ihm und anderen

Bildhauern, die antike Figuren darstellen. Aphrodite reiht sich neben Paris, Athena, Artemis, Zeus und Hera. Daneben finden Besucher ein Wappen Augusts des Starken mit der Inschrift „Augustus Rex" sowie einen Herkules, der eine Weltkugel hält. Im Pavillon werden somit mythologische Themen und weltliche Macht der Fürsten miteinander kombiniert.

Gegenüber dem Wallpavillon steht der Glockenspielpavillon, der eine Uhr mit einem Glockenspiel in sich trägt. Das Besondere daran ist: Das Glockenspiel ist aus Meißner Porzellan und läutet alle 15 Minuten. Dass es musikalische Klänge erzeugt, war zwar schon von Anfang an in der Bauplanung integriert, doch konnte dies erst 1933 realisiert werden.

Besucher können durch das Erdgeschoss in die Stadt gelangen, sodass die Pavillons so konzipiert sind, dass sie wie ein Tor wirken. Auch im Glockenspielpavillon stehen antike Helden, wie Perseus, Helena und Paris.

Ich spaziere zum Kronentor. Dies ist ein kleiner Turm, der auf der alten Festungsmauer steht. Hinter ihm ist eine Holzbrücke über einem Graben zu erkennen. Dies ist der ehemalige Festungsgraben, der an dieser Stelle den Ausläufer des Zwingerteiches darstellt. Auf der Außenseite ist ein Herkuleskopf, an der Seite Richtung Hofinneres ein Frauenkopf zu sehen, die untermalt von verschiedenen weiteren Statuen sind. Ich werfe einen interessierten Blick in das Loch der Zwischendecke: Hier ist es möglich, von unten nach ganz oben zu schauen, wo bis zum Jahr 1945 noch ein Deckenfresko zu sehen war, wie ich auf einem der Infoschilder lese.

Besonders das Nymphen-Bad hat es mir als Romantiker sehr angetan. Meine Kamera und ich erfreuen uns an den Wasserspielen und den zahlreichen, steinernen Figuren: Apoll und Daphne, die Nymphe im Bade, die Gruppe der Satyrhermen und Herkules reihen sich nun auf dem Display meiner Kamera.

Das Nymphen-Bad liegt hinter dem französischen Pavillon und war ursprünglich als Bestandteil eines großen Tores geplant. Heute steht das Bad als eine spielerische Brunnenanlage da, die untermauert und von zahlreichen Verzierungen gestaltet ist. Schon zu barocken Zeiten war der Wasserfall aktiv. Ich meine, mal gehört zu haben, dass sich reihenweise die Leute beschwerten, weil das Wasser so ausufernd spritzte, dass die Kleider stets durchtränkt wurden. Der Betrieb war zu dieser Zeit aufwendig, da man noch keine elektrischen Pumpen hatte, die einen künstlichen Brunnen erzeugen. So wurde etwas außerhalb des Ortes ein Wasserreservoir angelegt, das durch ein Schöpfwerk gefüllt wurde.

DIE GALERIEN

Über eine einladende Treppe kann man die Terrasse erreichen und die Anlage des Zwingers gut von oben bewundern. Im Inneren des Zwingers warten zahlreiche Ausstellungen auf Interessierte: Die eindrucksvolle Gemäldegalerie der „Alten Meister" (Achtung: Sie hat montags geschlossen), der „Mathematisch-Physikalische Salon", die Skulpturensammlung bis 1800 oder die berühmte Porzellansammlung mit Stücken aus China, Japan und Meißen finden hier ihren Platz.

Der Mathematisch-Physikalische Salon ist zwischen Wallpavillon und Langgalerie zu finden. Seit 1746 beinhaltet er eine Sammlung von mathematischen und physikalischen Instrumenten sowie einen großen marmorierten Salon, der, früher als Festsaal genutzt, heute als Museum dient. Im Untergeschoss finden Besucher den Grottensaal, der mit weiteren Wasserspielen und Brunnen bestückt ist. Der Saal dient ebenfalls als Museum. Besondere Stücke dieses Salons sind beispielsweise eine Rechenmaschine von 1650, die Pascal gehörte, und ein arabischer Himmelsglobus, der aus dem 13. Jahrhundert stammt.

Der Deutsche Pavillon liegt zwischen Glockenspielpavillon und der Semper-Galerie. In ihm finden Sie die Restaurierungswerkstätten der staatlichen Kunstsammlung Dresdens.

Die Semper-Galerie ist ein Bau, der entworfen wurde von Gottfried Semper. Er steht neben der Semperoper und markiert den Weg zum Theaterplatz.

Die Galerie ist die größte des Zwingers und trägt die Gemäldegalerie der Alten Meister in sich. Die Gemäldegalerie ist eine der renommiertesten Ausstellungen der Welt. Werke von Tizian, Rembrandt, Raffael, Correggio oder Vermeer reihen sich hier aneinander! Die Galerie zeigt vorrangig Malereien aus dem 15. bis 18. Jahrhundert, besonders der italienischen Renaissance und holländischen Kunst des 17.

Jahrhunderts. Es lohnt sich, einen Besuch hierher zu machen, vor allem, wenn man vor oder nach dem Galeriebesuch auf den Elbwiesen einen Blick durch das Canaletto-Bild wirft. Sein Werk „Dresden vom rechten Elbufer unterhalb der Augustusbrücke" hängt nämlich in einem der Ausstellungsräume der Alten Meister!

Der französische Pavillon beherbergte bis 1945 französische Gemälde. Durch die Bombenangriffe schwer geschädigt, dient er nach seiner Restauration heute eher als Festsaal für Konzerte. Seine Wände und Böden sind mit feinem sächsischem Marmor verkleidet. Die Skulpturensammlung findet man hier im Untergeschoss.

Für weitere Museen begeben Sie sich, liebe Lesende, in das Residenzschloss. Im Februar fast völlig niedergebrannt, erstrahlt es heute in wertvoll aufgearbeiteter Restauration. Das Grüne Gewölbe, heute die Schatzkammer für glänzende Güter und Kunstobjekte aus Zeiten Augusts des Starken, stellt Historisches wie kaum ein anderes Museum derart aus. Leider eröffnet das Historische Grüne Gewölbe erst wieder Ende Februar, da es gegenwärtig als Tatort gilt: Durch den Raub wertvoller Schmuckstücke am

25.11.19. Wenn Sie, liebe Lesende, interessante Informationen zu diesem Ereignis haben, zögern Sie nicht, sich an die Dresdner Polizei zu wenden!

DIE BRÜHLSCHE TERRASSE

Unser Spaziergang durch die Altstadt führt uns erstmal weiter zur Brühlschen Terrasse. Wir passieren das Luxushotel Taschenbergpalais und erkennen vor uns wieder die Frauenkirche. Über Kopfsteinpflaster und an stilvollen Fassaden entlang genießen wir das Altstadtflair, dass einem das Gefühl gibt, in vergangene Zeiten gefallen zu sein. Über die Münzgasse gehen wir nun hinauf zur Brühlschen Terrasse, die auch bekannt als der „Balkon Europas" ist. Von hier aus ergibt sich ein beeindruckendes Panorama über die Elbe mit ihren weiten Wiesen, auf denen es sich lohnt, bei warmem Wetter die Füße zu kühlen oder den großen Elbflohmarkt zu genießen, der jeden Samstag eine bunte Vielzahl an Trödel- und Antikgütern bietet.

Dresden bietet vor allem jungen Leuten eines: ein breites Spektrum an Studiengängen. Die renommierte „Hochschule für Bildende Künste Dresden" siedelt hier auf der Brühlschen Terrasse und ist durch ihre stilvollen Verzierungen und dem großen Kuppeldach, das immer wieder Ausstellungen überdacht, einen Besuch wert.

Direkt daran anschließend steht das Albertinum, das eine Skulpturensammlung und die „Neuen Meister" der Staatlichen Kunstsammlungen Dresden zum Besichtigen bereitstellt. Die Gemäldegalerie der „Neuen Meister" ist zwar nicht so berühmt wie die der „Alten Meister", doch sie zeigt reichhaltige Werke aus den Epochen der Romantik, des Biedermeier, Impressionismus und Expressionismus sowie der Kunst der Gegenwart. Die Skulpturensammlung hingegen beherbergt Sammlungen der klassischen Moderne und der Skulptur nach 1945. Die Exponate reichen von dem französischen Bildhauer Auguste Rodin über Werke von Wilhelm Lehmbruck bis hin zu Skulpturen der DDR, wie von Werner Stötzer oder Wieland Förster.

Den Abschluss der Terrasse bildet der Brühlsche Garten, der auf der alten Jungfernbastion liegt. Die Bastion ist Teil der alten Befestigungsanlagen. Im französisch angelegten Garten steht ein sehenswerter Brunnen, der Delphinbrunnen. Er ist Teil der

Rokoko-Architektur des Gartens.

DER FÜRSTENZUG

Am Schlossplatz angekommen machen wir einen Schlenker über die Augustusstraße und den 102 Meter langen Fürstenzug. Dieser ist das größte Porzellanbild der Welt und zeigt die Welt der Herrscher. Ich lese nach: Es sind insgesamt 35 Herrscher des Geschlechts Wettin, verschieden Herzöge, Marktgrafen, Kurfürsten und Könige von Sachsen in einer zeitlichen Spanne zwischen 1123 und 1904.

Wer zur Weihnachtszeit einmal dem Trubel des weltbekannten Striezelmarktes auf der Prager Straße etwas entfliehen möchte und einen urigen Weihnachtsmarkt in historischer Kulisse erleben möchte, kann es zum Jahresende hier auf dem angrenzenden Schlosshof tun.

MEINE TIPPS

In Dresden haben Besucher den vorzüglichen Genuss eines kostenlosen Museumsbesuches der Städtischen Museen und den Sächsischen Kunstsammlungen. Jeden Freitag haben hier die Einrichtungen ab 12 (teilweise ab 13) Uhr geöffnet. Unter den städtischen Museen sind das zum einen das Stadtmuseum Dresden, das über 800 Jahre die Geschichte der Stadt zeigt. Es liegt nahe der Frauenkirche im Landhaus. Besonders sehenswert ist hierbei die exotisch gestaltete Außentreppe des Landhauses.

Die Technische Sammlung Dresden in Striesen hat ebenfalls kostenlos geöffnet. In diesem Gebäude befinden sich Exponate der sächsischen Industrie- und Technikgeschichte. Ein Gang den Turm hinauf ist lohnend, denn hier kann man eine wunderschöne Aussicht auf Dresden genießen. Das Museum der Dresdner Romantik, das Kügelgenhaus, sowie das Carl- Maria- von- Weber-Museum. Dieses Museum zeigt, wie der Name schon vermuten mag, Lebensstationen und das in Dresden geschehene Wirken des Komponisten. Im Sommer finden hier Konzerte im Garten des Hauses statt.

Da Friedrich Schiller einige Zeit in Dresden lebte

und tätig war, widmet ihm das Schillerhäuschen seit der zweiten Hälfte des 19. Jahrhunderts eine Ausstellung, die ebenfalls freitags frei geöffnet ist. Wer sich für das Wirken des polnischen Literaten Jozef Kraszewski interessiert und darüber hinaus Blicke in temporäre Ausstellungen über die Kulturgeschichte zwischen Dresden und Polen werfen will, ist im Kraszewski-Museum genau richtig.

Des Weiteren gibt es einen kostenlosen Eintritt in die Sächsischen Kunstsammlungen Dresden. Diese haben jeden Sonntag geöffnet von 15-18 Uhr. Die Porzellansammlung im Zwinger öffnet jeweils am ersten Sonntag im Monat, am zweiten ist es das Museum für Sächsische Volkskunst, am dritten das Albertinum. Im Albertinum sind beispielsweise Werke der berühmten Maler Caspar David Friedrich und Gerhard Richters exponiert. Und am letzten Sonntag im Monat öffnet der Mathematisch-Physikalische Salon im Zwinger seine Türen. Hat man das Glück auf einen fünften Sonntag im Monat, können Sie diesen im Kunstgewerbemuseum im Schloss Pillnitz verbringen. Das Schloss zeigt wertvolle japanische Emaille und Seidengewebe aus dem 16. und 17. Jahrhundert.

Wer die Stadt lieber in den Abendlichtern erleben und dabei noch wertvolle Geschichten erzählt bekommen will, kann sich eine 90 Minuten- Tour bei einem der Dresdner Nachtwächter buchen; sie kostet ca. 15 Euro pro Person und zaubert eine romantische Atmosphäre, die sicherlich noch intensiver ist als bei Tageslicht!

Eine weitere nächtliche Attraktion hat Dresden mit seinen „Dresdner Filmnächten" zu bieten! Auf großen Leinwänden wird ein ausgewähltes Programm an Filmen gezeigt, die die Besucher in einer Freiluftkino-Atmosphäre genießen können. Die Filme werden an den Elbwiesen gezeigt, sodass man einen glanzvollen Eindruck der Stadt mit ihren Spiegelungen im Wasser erleben kann. Für Snacks und Getränke ist ausreichend gesorgt!

Andere Open-Air-Veranstaltungen können Sie, liebe Lesende, auf den Freilichtbühnen im „Großen Garten" genießen. Auch das Parktheater im Garten zeigt regelmäßige Theaterstücke für Groß und Klein.

Tagsüber kann man sich eine Auszeit im Garten gönnen, indem Sie mit der Pionierreisebahn fahren, etwas Minigolf spielen, einen Gang durch den Botanischen Garten unternehmen oder einfach auf den

Wiesen entspannen.

Wirklich empfehlenswert ist es, dem Dresdner Zoo im Großen Garten einen Besuch abzustatten! Auf einer Fläche von 13 Hektar und 1300 Tieren mit 246 unterschiedlichen Arten ist es wirklich ein Genuss, hier einmal auszuspannen. Er ist nach Berlin, Frankfurt/Main und Köln der viertälteste Zoo in Deutschland.

Ein weiteres Highlight für Besucher jeglichen Alters ist das Hygienemuseum. Einst 1912 als „Volksbildungsstätte für Gesundheitspflege" gegründet, ist es heutzutage in kaum einer anderen Einrichtung möglich, den menschlichen Körper und viele technisch-physikalische Vorgänge so anschaulich und erlebbar darzustellen. Das Beste daran ist, dass man selbst viele Dinge ausprobieren kann, wie zum Beispiel einmal inmitten einer Seifenblase zu stehen! Das Museum gehört seit Jahren zu den meistbesuchten Museen der Stadt und besonders Kinder- und Jugendgruppen erfreuen sich hier einer spannenden Bildungsreise.

Wo wir schon bei meinen persönlichen Tipps sind: Besuchen Sie, liebe Lesende, doch hier in der Dresdner Altstadt einmal das „Chirel – Schokolade und Kaffee"! Dies ist ein Kaffeehaus mit vielen verschiedenen Kaffeesorten aus der ganzen Welt, von Röstmischungen über Espressi zu diversen aromatischen Sorten, zum Beispiel Haselnusskaffe, Walnusskaffee, Äthiopischer Sidamo, Amaretto-Kaffee und... ganz besonders die kreativen Schokoladenkreationen, die ausgefallenen Figuren, Sonderanfertigungen, Tafeln oder Pralinen zum Naschen und Bestaunen bereitstellen. Das Haus bietet darüber hinaus Besuchern immer wieder die Gelegenheit, bei Veranstaltungen wie „Sinneslust und Schokolade – eine kulinarisch italienische Reise" den Verführungen von Schokolade und Wein ausgesetzt zu sein. Es werden verschiedenste Weine und Schokoladen angeboten, dazu werden literarische Texte zu ausgewählten Themen inszeniert. Ein Muss für Besucher mit Geschmack!

Unweit der Frauenkirche erwartet Sie, liebe Lesende, ein ganz besonderes Ambiente: das „Dresden Gin-House 1802". Hier wird 37,5 prozentiger Wacholderschnaps in unterschiedlichsten Variationen ausgeschenkt. Stammgäste haben hier die Gelegenheit, eine eigene Karaffe mit ihrem Lieblingsgeschmack und Namen versehen zu bekommen. Die edle Einrichtung des Hauses mit roten Teppichen, dunklem Holz, Samt und einer goldenen Tapete, die einst entworfen wurde vom Modedesigner Harald Glöckner, versetzt Besucher in eine andere Zeit. Um den Genuss voll abzurunden, darf in dieser Bar gern auch die ein oder andere Zigarre geraucht werden. Also abends nicht unbedingt etwas für Nichtraucher!

Wer sich dieses edle Schmuckstück dennoch nicht entgehen lassen will, kann auch zur „Tea-Time" kommen, da hat die Bar schon nachmittags geöffnet. Dazu wird ein extra kreierter Kaffee verziert mit Blattgold, der „Golden Cappuccino", serviert. Und im integrierten „Event-Room" kann es auch schon mal die ein oder andere Ausstellung, einen Kunst-workshop oder Lesungen geben. Also schauen Sie vorbei!

ESSEN UND TRINKEN

Ich beschließe, meine Tour durch die Altstadt mit einem typischen Dresdner Mittagessen abzuschließen: mit Sauerbraten, Kartoffelklößchen und Rotkraut. Ich genieße den Braten im „Omas und Opas", wo es zwar nicht unbedingt leicht ist, ohne Reservierung einen Platz zu bekommen (wie generell in der Altstadt), aber die äußert nette Bedienung arrangiert doch noch etwas für mich. Die Atmosphäre ist sehr gemütlich durch die Auslegung von Teppichen und gemütlichen Sesseln. Für meinen Geschmack sehr viel stilvoller als bei meinen Großeltern zuhause.

Wer eine Vorliebe für Pilz-lastige Speisen hat (denn die Dresdner sind ein sammelkundiges Volk, was Pilze angeht), der kann sie in der „Dresdner Heide" ausleben. Auch der Luisenhof ist ein absoluter Tipp für Feinschmecker. Er beeindruckt durch seine Fensterfronten und Terrassen, durch die ein wunderschöner Ausblick auf die Elbe garantiert ist.

Und für die Fisch-Fans unter Ihnen sollte das „Fischhaus Dresden" das Richtige sein. Das Gasthaus ist das älteste in der Stadt und bezaubert heute mit urigen Schlafmöglichkeiten, warmen Kamin- und

Heidestuben und einem prachtvollen Jugendstil-Saal, in dem auch die ein oder andere Festlichkeit ausgelebt werden kann!

Und für diejenigen, für die eine süße Speise unumgänglich ist: Probieren Sie einmal die Dresdner Quakkeulchen oder, zur Weihnachtszeit, die echten Pulsnitzer Pfefferkuchen!

Belebt und kreativ: Die Neustadt

Ich schlendere nun mit Ihnen, meine treuen Lesenden, über eine der Dresdner Brücken von der Altstadt in die Neustadt. Mir hatte mal ein alteingesessener Dresdner erzählt, er kenne kaum eine andere Stadt, bei der der Unterschied zwischen Alt- und Neustadt so markant durch einen Fluss getrennt wird, wie es in Dresden die Elbe tut. Ich finde, es wird besonders deutlich im Vergleich zur „Äußeren" Neustadt, die ich besser als die Altstadt in Erinnerung habe. Hier entwickelte sich im Laufe der letzten Jahrzehnte eine alternative Szene, die einen Kontrast zur barocken klassischen Kunst, Architektur und Lebensstil der Altstadt bildet; doch dazu werden wir später mehr erfahren!

Der Name „Neu-Stadt" wurde bereits 1403 erwähnt; die Quellen gehen davon aus, dass die ehemalige Siedlung bereits in diesem Jahr ihr Stadtrecht bekam. Heute ist unter dem Namen der rechte Stadtteil von Dresden, der an der Elbe liegt, benannt. Ich lege mein kleines Taschenbuch über die Stadtentwicklung Dresden beiseite; ich hatte es mir kurz vor meiner Reise hierher aus der Bibliothek geliehen, um ein wenig mehr über die Historie der Stadt zu verstehen und erachte es als etwas sehr Brauchbares, wenn man reisend unterwegs ist und mal eine Jahreszahl nachschauen muss.

Mein Weg führt mich zuerst durch die „Innere" Neustadt. Ein imposantes, freistehendes Gebäude, was es zu besichtigen lohnt, nennt sich das „Blockhaus" und steht an der Westseite des Neustädter-Brückenkopfes der Augustusbrücke.

Das Blockhaus markiert sozusagen den Eingang zur Inneren Neustadt, wenn man die Altstadt verlässt. Das Blockhaus lädt darüber hinaus zu einem ausgedehnten Spaziergang unter den prachtvollen Platanen der Allee ein, die daran anschließt.

Wer nicht genug Natur bekommen kann, dem kann ich das „Japanische Palais" empfehlen. Es ist eines der ältesten, gut erhaltenen Museumsgebäude Deutschlands, denn schon zu kurfürstlichen Zeiten wurden die Räume zur Ausstellung und Bewahrung von Kulturgütern, wie das Meißner Porzellan, genutzt. Heute beherbergt es das „Museum für Völkerkunde" sowie Ausstellungen des „Museums für Mineralogie und Geologie Dresden". An das Palais schließt sich ein atemberaubender Schlossgarten an, der zum Verweilen und Träumen einlädt.

Der Hauptstraße der Neustadt folgend bis zum Ende gelangt man direkt zur Dreikönigskirche. Diese wurde 1980 wiederaufgebaut, nachdem auch sie im Krieg fast zur Gänze abgebrannt ist. Dank ihres Wideraufbaus zählt sie heute zu den bedeutendsten Kulturdenkmälern der Stadt. Die Kirche bildet das historische Zentrum der Neustadt, da sie mitten im sogenannten „Barock-Viertel" steht und durch ihren 88 Meter hohen Turm bei Weitem nicht zu übersehen ist. Zusammen mit dem Rebecca-Brunnen, der vor dem Haupteingang steht, zählt der Sakralbau zu den Kulturdenkmälern der Stadt.

Ich steuere jetzt zum Wahrzeichen desjenigen zu, dem so viele bedeutende barocke Bauten der Stadt zu verdanken sind: August der Starke. Ihm wurde ein goldenes Denkmal gesetzt, das ihn hoch zu Ross und mit Blick gen Polen zeigt: Der Goldene Reiter. August der Starke wird hier als römischer Caesar in Rüstung gezeigt. Das Standbild aus Kupfer und Blattgold mit seinem Sitz auf dem Neustädter Markt bildet den zentralen Kern in der Inneren Neustadt zwischen der Augustusstraße und der Hauptstraße.

Unter der Statue beschließe ich, eine Rast einzulegen und einen weiteren Blick in mein Historienbuch zu werfen. Mit einem Kaffee und weiterhin warmen Sonnenstrahlen, verfolge ich nun die goldenen Spuren der Vergangenheit ...

EINE KLEINE STADTGESCHICHTE

Dresden war einst ein slawisches Fischerdorf und diente jahrhundertelang als Kaufmannssiedlung und landesherrliche Burg. Hier siedelten die ersten Jäger und Sammler, die sich die Fruchtbarkeit des Elbtals zu Nutzen machten. Es waren Germanen, ein Wandervolk aus Böhmen, die als Erste dem heutigen Dresden seinen Namen gaben: Drezdany. Im 10. Jahrhundert wurden diese ersten Gebiete erobert von deutschen Heeren unter König Heinrich I. Die Burg Meißen galt dabei als Zentrum seiner Macht, welche 929 gegründet wurde.

Unter königlicher Herrschaft siedelten immer mehr Händler mit ihren Familien im Elbtal. Erste Stadtrechte durch landesherrliche Förderungen entstanden. Die einstige Kaufmannsiedlung Drezdany wird 1216 namentlich zum ersten Mal als Stadt erwähnt, die mit einer Besonderheit ausgestattet ist: dem ersten Elbübergang. Diese erste Brücke wurde geschützt von einem der Meißner Markgrafen, der extra dafür eine Burg an der Brücke errichtete.

Schritt für Schritt entwickelte sich nun, ausgehend vom linkselbischen Stadtkern, die Stadt: Ende des 13. Jahrhunderts hatte sie ein

Franziskanerkloster, Ende des 14. Jahrhunderts zwei Spitäler aufzuweisen. Doch anhand des Vergleiches mit anderen Stadtentwicklungen zur selben Zeit ging diese hier nur mühsam bergauf, so die Historiker. Ich lese, dass im 15. Jahrhundert etwa 6000 Einwohner hier lebten, was vergleichsweise wenig war, denn die Stadt war dem mittelalterlichen Wirtschaftswachstum deutlich hinterher.

Um 1491 war die Stadt einem großen Brand ausgesetzt. Sie atmete regelrecht unter Herzog Georg dem Bärtigen, der wenige Jahre zuvor Dresden als eine Residenz unter der Herzogfamilie Wettin erkor. Das renaissancistische Residenzgebäude zählt heute zu den beliebtesten Sehenswürdigkeiten der Altstadt. Weitere andere künstlerische Abzeichen dieser Zeit davon finden sich heute noch in dem langen Fürstenzug in der Altstadt Dresdens. Dresden als Residenzstadt ... will heißen, dass sich bedeutende Einflüsse auf das wirtschaftliche und kulturelle Leben hier zentrierten.

Die Einwohnerzahl verdreifachte sich zwischen 1500 und 1600. Die Stadt wuchs unter der protestantischen Herrschaft der Habsburger zur mächtigsten deutschen Stadt. Aus der anfänglichen Burg wuchs eine Schlossanlage, aus den Stadtmauern wurde eine richtige Festungsanlage und vereinzelte Elbsiedlungen außerhalb der Stadt in diese integriert.

Im Jahre 1548 kam es zur Gründung der „Hofcantorey". Diese war der Vorläufer der Staatskapelle und wurde zum Grundstein für höfisch-musikalische Entwicklungen.

Im 30-jährigen Krieg war Dresden nicht verschont geblieben von Pest, Hunger und wirtschaftlichen Niedergängen; doch sie blühte bald darauf dank des kurfürstlichen Hofes wieder auf.

Der Fürst August der Erste, auch der Starke genannt, entwickelte Dresden immer weiter in eine barocke Lichterstadt. Der Hof und Adel waren Auftraggeber für große Bauten und bedeutende künstlerische/kunsthandwerkliche Leistungen. So entstanden die Sammlungen der Gemäldegalerie und des Grünen Gewölbes oder auch die erste europäische Porzellanmanufaktur, die heute unter dem Namen „Meißner Porzellan" weltbekannt ist.

Einst den Zerstörungen des Siebenjährigen Krieges erlegen, der im Sommer 1760 unter preußischem Beschuss ganze Teile des Stadtzentrums zerstörte, wuchs Dresden zur Hochburg der deutschen Romantik auf. Sie war Heimstätte von Schiller, Novalis, E. T. A. Hoffmann und Kleist. Heute konserviert die Stadt zahlreiche Gemälde von Casper David Friedrich, der als Maler in Dresden und in der Umgebung der Sächsischen Schweiz tätig war. Das Museum der „Dresdner Romantik" stellt viele solcher Gemälde über neun Räume im Kügelgenhaus aus. Dies befindet sich direkt auf der Hauptstraße der Neustadt.

Im Zuge der Romantik entwickelt sich aber auch die Industrie der Stadt. So verlagerte sich in der ersten Hälfte des 19. Jahrhunderts die Bedeutung des Hofes in die Arme der Industrie, die für weitere Entwicklungen Bedeutsames hervorbrachte in Dresden: Die Eisenbahnstrecke zwischen Dresden und Leipzig gilt als die erste Fernbahn in Deutschland!

Der industrielle Aufschwung lässt die Stadt immer deutlich markantere Gesichtszüge annehmen. Dresden wird zur Hochburg für typische Industriezweige wie der Feinmechanik, der Optik und ... der Schokolade! Dresden wird zum touristischen Magnet, was den Ausbau von Eisenbahnstrecken, Elbbrücken oder Einrichtungen wie das Opernhaus begünstigte.

In den zwanziger Jahren nach dem Ersten Weltkrieg entstanden in der politisch stabileren Hälfte viele bedeutende Leitungen der Kultur. 1930 wird das erste deutsche Hygienemuseum gegründet; expressionistische Entfaltung erhält die Kunst und der Tanz. So etablieren Otto Dix und Oskar Kokoschka als Lehrende an der Dresdner Kunstakademie den deutschen Expressionismus als Lebens- und Stilrichtung. Die Jahre sind auch der Beginn des Ausdrucktanzes unter Mary Wigman und Greta Palucca.

DIE ÄUßERE NEUSTADT

Ich blicke auf aus meiner Beschäftigung des Spurenlesens und sehe mich um. Inzwischen steht die Sonne schon recht tief; es wird Zeit, noch einen Spaziergang über eine der Elbbrücken in die Äußere Neustadt zu unternehmen.

So beeindruckend die barocken Gebäude der Altstadt sind: Dresden ist und bleibt auch heute ein Meilenstein für moderne Entwicklungen der Kunst. Beispielsweise das Panorama „1756 Dresden"; dies entwickelte der Künstler Yadegar Asisi in einem ehemaligen Gasspeicher. Die Wände dienen als Projektionsfläche für ein 360 Grad-Panorama an Bildern, das Besucher ins barocke Dresden entführt. Der Eintritt kostet 10 Euro und ist absolut angemessen, denn diese Art von Kunst ist einfach überwältigend! Ich habe es mal zusammen mit meiner Schulklasse besucht ... besonders bei „Nacht", wenn die Stadt erstrahlt ist, hat man den Eindruck, über einem Lichtermeer zu fliegen!

Auf den ersten Schritten in Richtung Äußere Neustadt überkommen mich warme Gefühle, was auch der lauen Sommerluft geschuldet ist, die einen süßen Duft nach Blüten, gebratenem Gemüse und dem Klang lachender Stimmen mit sich bringt.

Ich erinnere mich, hier vor einigen Jahren mein erstes „richtiges" Bier getrunken zu haben. Die Preise für Bier sind übrigens human: Für einen halben Liter zahlt man durchschnittlich knappe 2,50 Euro! Ich weiß noch, dass es damals eine laue Sommernacht wie diese war.

Die Straßen waren befüllt mit jungen Leuten, die auf den Straßen saßen, Musik wurde überall gespielt, die Bars und Kunsthofpassagen hatten geöffnet zum Ausgehen und Tanzen auf der Straße. Ich war damals gerade 15 geworden. Die Neustadt hatte einen unwiderstehlichen Eindruck auf mich hinterlassen, denn ich empfand alles so leicht und entspannt; fühlte mich willkommen, denn es war eine bunte Mischung an Leuten überall zu sehen: Studenten mit Baumwolltaschen, junge Mütter mit Kindern, internationale Gesichter und Sprachen, dazwischen Alteingesessene und Touristengruppen.

Schon zu DDR- Zeiten entwickelte sich hier eine Dresdner Kunstszene mit vielen ausgefallenen Läden und gemütlichen Cafés. Ich kann Ihnen, liebe Lesende, wärmstens die „Schokoladenbar" ans Herz legen, in der es tagsüber eine Vielzahl an ausgewählten Kaffeesorten und kreativ dekorierten Süßspeisen gibt. Die Bar ist ein Café im Retro-Look, das heißt, es gibt gemütliche Sessel und Kuschelecken im Vintage-Style zum Versinken, sowohl innen als auch im Hinterhof.

Die Hinterhöfe in der Neustadt sind besonders faszinierend: Man kann von einem Hof in den anderen schlendern und sich auf eine spannende Entdeckungstour durch die urbane Oase, die hier immer weiter am Entstehen ist, begeben. Die bunten Fassaden der Häuser erinnern an die architektonischen

Bauten des österreichischen Künstlers Hundertwasser, sodass es einem fast vorkommt, im berühmten Hundertwasser-Haus in Wien zu stehen!

In den kleinen Läden der Passagen wird viel Handgefertigtes und Einzigartiges verkauft; viele solcher Läden ziehen Besucher durch kleine Kunstausstellungen, Live-Musik oder selbstgebackenen Kuchen an.

Wer hier einmal ausgehen möchte, kann es zum Beispiel in der „Scheune" tun. Dies ist ein ehemaliger DDR-Club und zählt heute zu den angesagtesten Kultur- „Hotspots" in der Neustadt. Es finden viele Konzerte, Lesungen, Theater, Kabarett und Filmvorstellungen statt und tagsüber lädt die „Scheune" zum Verweilen bei Kaffee und Kuchen ein.

In der Katharinenstraße 11-13 finden Rockbegeisterte einen Club namens „Groove-Station". Im „Sektor" und im „Times-Club" werden urbane Sounds, Funk, Salsa-Rhythmen und Reggae gespielt. Sie finden diesen in der Königsbrückerstraße 13.

Jede Menge Jazz und Whisky gibt es im „Blue Note", indem regelmäßig Livemusik von Jazz über Swing zu Funk gespielt wird. Wer eher Lust auf härteren Techno hat, kann seine Freude im Club

„Koralle" ausleben, der sich unter den Straßen befindet. Ein Tipp: sich hierfür richtig schickmachen, ist die Tradition des Hauses.

Wer es lieber etwas gemütlicher möchte, kann „Mycroft 's" aufsuchen, welches, wie so viele Einrichtungen, tagsüber ein hübsches Café im Wiener-Stil ist, sich abends aber verwandelt in eine urige Studentenkneipe. Die Kneipe befindet sich in der Rudolf-Leonard-Straße 38. Apropos Kneipe: Wer es wirklich sehr urig mag, für den ist das „Wohnzimmer" die richtige Adresse. Das Café nahe der Alaunstraße verwandelt sich in den Abendstunden in eine absolut gemütliche Bar um.

Ich ziehe meinen Spaziergang durch die Neustadt weiter in den Alaunenpark, der direkt an die Kunsthofpassagen und bunten Straßenzüge anschließt. Im Sommer ist das DER Treffpunkt für junge Leute, denn man kann hier ausgezeichnet grillen, lesen, Theaterstücke aufführen und vieles mehr.

Festlichkeit und Bühnen der Stadt

Jedes Jahr im Sommer kommen darüber hinaus viele Besucher zusammen, um die „Bunte Republik Neustadt" zu feiern, abgekürzt als: „BRN". Dies ist ein ausgelassenes Straßenfest mit zahlreichen Ständen und attraktiv gestalteten Straßenzügen. Es wird überall unterschiedlichste Musik gespielt, es werden kleine Stücke in den Kunsthofpassagen präsentiert und besonders abends formt die Stadt sich zu einem einzigen Festival der Nationen! Organisiert wird das Fest von allen interessierten Bürgern der

Stadt. Seit dem Jahr 1990 wird die Bunte Republik immer am dritten Wochenende im Juni ausgerufen.

Die Entstehung dieses Festes ist interessant: Ab 1990 galt sie als eine politische Protestaktion vieler junger Leute. Es wurde eines Abends eine neue „Republik" ausgerufen von jungen Leuten, ich meine, von selbsternannten Monarchen „ohne Geschäftsbereich" und Minister für „Wehrkraftzerfetzung".

Die Grenzen der Republik wurden mit weißen Straßenkreiden von der Bautzner Straße, der Königsbrücker Straße, Bischofsweg und Prießnitzstraße gezogen. Der „neue Staat" existierte bis 1993, als die Mitglieder gesammelt eines schönen Tages in der Elbe „baden gingen". Der ironische Verweis auf die Instabilität des Staates und den Zustand der Elbe zur damaligen Zeit wurde mit dieser Aktion betont.

Von den politischen Hintergründen ist heute kaum noch etwas zu sehen. In den letzten Jahren wurde das Fest deutlich friedlicher als noch 2001/2 und 2007, als es immer wieder zu Ausschreitungen der linken und rechten Szene Dresden kam. Heute hält sich die Zahl an unkommerziellen Angeboten und Ständen sehr gut, vor allem in der Talstraße, was immer ein Markenzeichen des Festes war.

Ein anderes, weniger politisches Sommerhighlight ist das große „Stadtfest Dresden", auch unter dem Namen „Canaletto" bekannt. Ungefähr 1000 Künstler unterschiedlicher Nationen bieten ein breites Spektrum an Musik, Theater und Show an und erzeugen auf den zahlreichen Bühnen eine tagelange Feierstimmung. Am letzten Tag imponiert das Fest mit einem großen, abschließenden Feuerwerk am Elbufer. Dieses Jahr findet es vom 14.-16. August 2020 statt.

Eine kleinere Variante des Stadtfestes ist das Dresdner „Elbhangfest", das zwischen den Stadtteilen Loschwitz und Pillnitz mit ungefähr 250 aktiven Teilnehmern aus der sächsischen Kultur in Sprache, Musik und Literatur stattfindet. Die Feststrecke ist sieben Kilometer lang und bezaubert vor allem in den Abendstunden, da sich viele der barocken Gebäude und Brücken so wunderbar im Fluss spiegeln.

Wer nicht genug bekommen kann von den Schlössern Dresdens, der besuche doch einmal die jährliche „Schlössernacht". Sie vollzieht sich über die drei Parkanlagen der Schlösser Lingnenschloss, Eckberg, Albrechtsberg und Saloppe, die miteinander in einer einzigartigen Kulisse aus Musik, Tanz,

Feuerwerk und Show verschmelzen. Auf fünfzehn Bühnen finden diverse Open-Air-Veranstaltungen statt. Die Musik reicht von Jazz, Folk, Latin-, und Weltmusik. Dieses Jahr wird die 12. Schlössernacht am 18. Juli 2020 gefeiert.

Eine ganze Woche Festlichkeit können Sie, liebe Lesende, beim weltbekannten „Dixieland-Festival" erleben. Hierbei wird der klassische New-Orleans-Jazz auf zahlreichen Bühnen gespielt, die auch ein spannendes Angebot für Jung und Alt bieten. Das Ende des Festivals wird eingeläutet mir einer Parade durch die Stad und mit einem ausladenden Feuerwerk. Sichern Sie sich jetzt schon Tickets für das diesjährige 50-Jahre-Jubiläum vom 17.- 24. Mai 2020!

Ebenfalls von Mitte Mai (bis Anfang Juni) finden die „Dresdner Musikfestspiele" statt, die sich anfangs auf klassische Musik spezialisieren, da ihre historischen Ursprünge in den Zwingerfestspielen zu Zeiten der Kurfürsten liegen. Heute ist die barocke Stadt Dresden renommiert als eines der führenden Klassikfeste innerhalb Europas. Aufgrund des breiten Spektrums an Kammermusik, Weltmusik, Jazz oder Tanz ist für fast jeden etwas dabei!

Für Klassikfans ist übrigens ein Besuch des Kulturpalastes Dresden ein Muss! In einem Saal des Palastes ist die Dresdner Philharmonie beheimatet. Der Saal ermöglicht durch seine besondere Bauweise eine hervorragende Akustik, sodass die Philharmonie prädestiniert ist für viele hochklassische Musikveranstaltungen.

Auch die Frauenkirche bietet eine wunderschöne Stätte für Konzerte klassischer und geistlicher Art wie Orgelmusik, Chorgesang oder Klavierkonzerte.

Dresden kann sich stolz mit einem eigenen Operettentheater brüsten: die Staatskapelle Dresden. Diese bietet ein breites Angebot an Operetten, Spielopern und Musicals und ist international angesehen. Ihre größere Schwester ist keine geringere als die Semperoper, die Jahrhunderte lang als Staats- und Hofoper diente. Ihre spätklassizistische Architektur begeistert in unverwechselbarer Schönheit. Hier spielt die Staatskapelle Dresden mit einem seit über 450 Jahren existierenden Orchester schon zahlreiche bekannte Stücke, die einst Operngeschichte schrieben, wie Richard Wagners „Rienzi", „Der fliegende Holländer" oder „Tannenhäuser" oder auch

Richard Strauß' zahlreiche Uraufführungen in Dresden von „Elektra", „Salome" oder „Der Rosenkavalier".

Wer gerne ins Theater gehen will, solange er in Dresden weilt, kann dies beispielsweise in der „Jungen Garde" tun. Dies ist eine Freilichtbühne in Form eines klassischen Amphitheaters im „Großen Garten". Das Programm sorgt für unterhaltsame Open-Air-Musikveranstaltungen der Rock- und Popmusik, aber auch Ballett- und Filmvorstellungen.

Im modernen Gebäude des World Trade Centers in Dresden hat die „Comödie Dresden" ihre Heimat. Es ist die größte Spielstätte für Komödien in der Stadt und als Bewahrer dieses Genres unersetzlich. In dessen Nähe siedelt auch das Boulevardtheater, das ein breites Programm an klassischen Stücken, Märchen, Konzerten, Lesungen, Komödien und Tragödien bietet.

Selbstverständlich muss auch das „Staatsschauspiel" der Stadt in die Reihen der Theatersparte gereiht werden. Es betreibt das Schauspielhaus und „Das kleine Theater" in der Inneren Neustadt mit 132 Plätzen. Das Staatsschausspiel ging aus dem Staatstheater Dresden hervor. Dieses hat ihre

Ursprünge im königlichen Hoftheater und galt jahrhundertelang als dessen Ort der Repräsentation. Heute weisen beide Häuser ein ebenfalls sehr vielfältiges Bühnenprogramm auf.

Eines der glamourösesten „Travestie-Theater" in Europa befindet sich hier, in der Neustadt Dresden! Es trägt den Namen „Carte Blanche" und begeistert die Besucher mit zahlreichen Shows in eindrucksvoller Farbpracht.

Besonderes Übernachten

Wer statt eines Tagesausfluges lieber gleich seinen diesjährigen Urlaub in die sächsische Landeshauptstadt verlegen möchte, hat verschiedene Möglichkeiten der Auswahl an Hostels und Hotels. Je nach Geschmack gibt es Unterkünfte, die im klassischen barocken Stil die Augen betören, andere mögen es lieber modern und weniger verspielt. Es gibt allerdings auch Unterkünfte, die, wie der Charakter der Stadt selbst, beides miteinander kombinieren. Unter all den barocken Gebäuden sticht hier das Art'Otel Dresden besonders hervor. Es weist im Inneren sehr modern designte Zimmer und ein helles, klares Ambiente mit verschiedenen Grafiken auf. Nebenher wird das Haus auch als Ausstellungsraum genutzt. Hier werden unter anderem Werke des Dresdner Künstlers A. R. Penck gezeigt.

Besucher, die es gerne klassisch mögen, auf Verzierungen im Inneren und Äußeren achten, Stuck an Wänden lieben und das romantische Flair gern an historischen Kachelöfen genießen möchten, sollten einmal das Hotel Artushof aufsuchen. Ein Doppelzimmer kostet hier zwar etwas mehr, ca. 109 Euro, aber der Charme der Einrichtung ist wirklich überwältigend. Von außen wirkt es wie eine kleine Schlossanlage.

Die Lage ist sehr gut; nur wenige Meter vom Großen Garten entfernt und nahe der Altstadt liegt dieses schöne Hotel im Stadtteil Striesen. Die Frauenkirche, die Semperoper oder der Zwinger liegen mit der Straßenbahn nur etwa 15 Minuten entfernt. Jedes Zimmer im Artushof hat eine eigene, integrierte Küchenzeile. Eine Besonderheit für Genießer sind die argentinischen Steaks und die passenden Weine im Restaurant Estancia, das eine einladende Sommerterrasse beherbergt.

Die Hotel-Pension Malten-Villa liegt nahe des Schlosses Pillnitz. Die idyllische und ruhige Lage macht die Villa zu einer beliebten Unterkunft mitten im Grünen! Im Stil der Neo-Renaissance gilt das Gebäude heute zu einem als Denkmal, das gleichzeitig auch als Herberge dient. Doppelzimmer bekommen Sie hier für ca. 90 Euro.

Eine weitere Villa im Neoklassizismus und zahlreichen Verzierungen im Jugendstil ist die Villa Freisleben. Sie liegt inmitten eines Grünstreifens im noblen Villen-Viertel Blasewitz und führt direkt zum angrenzenden Waldpark, der mit knappen 23 Hektar Fläche eine ausgezeichnete Parkanlage mit verschlungenen Wegen bietet. Die Villa beeindruckt durch ihre Suiten, Apartments und Ferienwohnungen; es gibt stilvolle Sommerterrassen und hier und da Bänke zum Niederlassen und Träumen. Die Villa ist gut angelegt; sie liegt zentrumsnah und doch etwas zurückgezogen vom allgemeinen Trubel der Stadt. Den Hauptbahnhof können Sie in 20 Minuten, den Flughafen in 40 Minuten erreichen.

Mein persönliches Highlight ist das Hexenhaus

Dresden! Es liegt in Nieder-Gorbitz, ist aber mit Bahn und Auto gut zu erreichen. Das Haus liegt nur 3,5 km von der Altstadt entfernt und zeichnet sich durch seine eher ländliche Umgebung und Aufmachung aus. Im Haus haben Besucher die Wahl zwischen 14 Zimmern und Apartments. Es gibt auch eine kleine historische Gastwirtschaft im historischen Dorfkern.

Das Innere des Hauses ist romantisch und verspielt; die Wände sind mit Holz verstäfelt und die Böden noch aus historischer Vorzeit, da es sich um ein etwa 200 Jahre altes Fachwerkhaus handelt. Neben dem Hexenhaus können Reisende auch im Katzenhaus oder in der Badescheune eine gute Zeit verbringen. Denn hier erwartet Sie eine vielfältige Wellnesslandschaft: Von Sauna über Rasulbad bis zu Massagen und Feuerstellen können sich hier Körper und Seele entspannen. Die hauseigene Wirtschaft überzeugt von gut sächsischer Küche, selbstgemachter Hexensuppe oder einem Hexenschnaps nach den Speisen. An Sommertagen hat hier die Sommerterrasse geöffnet, auf der Sie Ihr Getränk im Biergarten genießen können. Und wer eine größere Festlichkeit hier zelebrieren will, kann dies im anliegenden Gasthof Herrenhaus tun; dort ist Platz für ca. 120 Gäste.

BESONDERES ÜBERNACHTEN IN DER NEUSTADT

Alle Pärchen aufgepasst: Schaut doch mal in der „Villa Romantika" vorbei. Das Apartment liegt in der Äußeren Neustadt Dresdens. Von hier aus hat man ideale Bedingungen für Ausflüge in die Neu- und Altstadt, es ist alles nicht weit entfernt. Nahe des Hauses fahren Straßenbahnen an alle bekannten Plätze und Sehenswürdigkeiten, die die Stadt zu bieten hat.

Die Zimmer sind im märchenhaften Stil gehalten mit bemusterten Tapeten, Himmelbett und Blick ins Grüne. Derzeit gibt es die Auswahl zwischen dem Rosen- oder dem Engelzimmer zu guten Preisen, ca. 50 Euro für ein Doppelbett. Der Garten, der zum Haus gehört, ist ein sinnlich gestalteter Rosengarten.

Apropos Garten: Wer Lust auf ein sinnliches Apartment mit angrenzendem Garten hat, der übernachte doch einmal im Dammschlösschen Dresden. Die Unterkunft ist ein wunderschön gestaltetes Landhaus. Es liegt unmittelbar zwischen denen Stadtteilen Neustadt und Hechtstadt, sodass jede Meng Kinos, Bars und Restaurants in unmittelbarer Nähe zu finden sind. Die beiden Ferienwohnungen „Lisbeth" und „Malwine" sind im hellen, skandinavischen Stil gehalten. Es ist Platz für 1-4 Personen, die sich auch gerne im Garten vergnügen können. Hier gibt es einen Frühlingsgehölzgarten, ein Rosenbeet, einen Gemüsegarten, Kräutergarten, Beerengarten, ein Staudenbeet und ein Gewächshaus.

26

Mitten in der Neustadt wartet eine Übernachtungsmöglichkeit mit individuellem Charme auf Sie: die „Alte Remise". Es ist eine Verbindung zwischen Alt und Neu. So besteht das Innere des Apartments aus alten Dielen und massivem Eichenparkett. Die Bäder sind hell und geräumig. Die Möbel sind teilweise moderne und antike Stücke, die miteinander kombiniert sind.

Für zwei Personen zahlen Sie etwa 65 Euro. Diverse Möglichkeiten zum Ausgehen, Essen und Entdecken liegen unmittelbar vor der Tür.

Selbstverständlich gibt es in Dresden auch jede Menge Übernachtungsmöglichkeiten für den kleineren Geldbeutel. Zum Beispiel die Hostels „StudentHouse" oder „Mondpalast". Der Mondpalast liegt in der Luisenstraße in der Neustadt, mitten im pulsierenden Künstlerviertel. Die Altstadt ist nur 6

Minuten mit der Straßenbahn entfernt. Wie auch diverse Orte, die es zu erleben lohnt! Kinos, Theater, Museum oder auch ein Bad mit Pool sind in unmittelbarer Nähe. Die Zimmer des „Mondpalastes" sind von unterschiedlichen Künstlern in Dresden gestaltet, die die Räume in ihrer hellen Aufmachung kreativ untermalen.

Die Umgebung Dresdens

Sowohl in der Stadt mit den beliebten roten Doppeldeckerbussen eine spannende Stadtrundfahrt zu machen, mit dem Rad ganz individuell unterwegs zu sein als auch per Dampfer über die Elbe zu fahren, um das Elbpanorama hautnah zu genießen: Es gibt mehrere Möglichkeiten, sich in und um Dresden fortzubewegen.

Ich kann jedem einmal ans Herz legen, vom Bahnhof Neustadt den Zug Richtung Schöna zu nehmen und einen Tag (oder gleich mehrere) hinaus ins angrenzende Elbsandsteingebirge zu fahren. Die Zugstrecke (für einen sehr humanen Preis von knappen 5 Euro!) führt durch das lange Elbtal über kleinere Städtchen wie Pirna, Bad Schandau oder den Kurort Wehlen. Diese Stächen zeichnen sich durch einen gemütlichen Charme an Tourismus, Wellness und Startpunkten für diverse Wanderungen durch die Sächsische Schweiz aus.

Ein besonderer Blickfang ist die Festung Königstein, die man von der Zughaltestelle „Königstein" gut erreichen kann. Von ihren Türmen aus hat man einen überwältigenden Blick auf die Weiten des Gebirges!

Mein absoluter Favorit ist das Städtchen „Schmilka-Hirschmühle", unweit von Bad Schandau. Das Dorf besteht aus nur knapp einer breiten geteerten Straße – direkt in den Wald hinein. Man erreicht es, indem man die Fähre vom Steg des Bahnhofs nimmt und wenige Minuten über den Fluss getragen wird. Am Fuße des Dorfes auf der anderen Elbseite erwartet Sie ein schönes, stilvolles Café mit äußerst leckeren Bio- (Süß)Speisen. Ein absoluter Geheimtipp ist die alte Brotmanufaktur in der Straße. Hier werden Brot, Brötchen, Kuchen und Pizza noch historisch von Hand gefertigt. Besucher können gerne an einer Führung teilnehmen und sich von den leckeren Düften der Bäckerei ummanteln lassen. Es gibt ein paar wenige, aber sehr gemütliche Unterkünfte, für Urlauber – mit holzvertäfelten Wänden, historischen Zimmern und jede Menge guter Wanderkarten zum Leihen. Etwas oberhalb des Dorfes befindet sich eine solche Unterkunft: Sie trägt den niedlichen Namen „Quacke", der auf einem Stein vor der Tür niedergeschrieben ist. Man erkennt das Haus an seinen bunten Wimpel-Ketten über der Tür und der großen Feuerstelle vor dem Haus.

Die Quacke diente ursprünglich müden Wanderern dazu, eine spontane Unterkunft zu finden, ohne sie online reservieren zu müssen. Doch mittlerweile ist die Herberge meist ohne eine Reservierung nicht mehr frei für jedermann. Sie zeichnet sich durch ihre urige Gemütlichkeit aus, die in jeder Ecke des Hauses zu finden ist: mittels eines Kamines in der Küche, schmalen Holztreppen, kuscheligen Leseecken, Wänden aus Sandstein und vor allem: Honig. Die Besitzerin des Hauses ist nämlich mit zweitem Standbein Imkerin, die ihre Schleuderräume unten am Fluss hat und rund um das Jahr feinsten Honig in verschiedensten Geschmacksrichtungen verkauft.

Von Schmilka aus ist es sehr leicht, in die Berge einzusteigen. Man folgt einfach der breiten Hauptstraße in den Wald, wo auch schon bald die ersten Schilder auftauchen.

Es ist ratsam, sein Auto direkt unten auf dem Parkplatz zu parken, wenn man nicht mit Zug oder Fahrrad anreist. Oft kommt es vor, dass Besucher die Straße bis zum Ende fahren und dann genervt umdrehen müssen, weil im Wald eben Parkverbot besteht. Und das Forstamt ist dort sehr streng!

Wenn man hier wandert, gibt es Aussichtsplattformen, auf denen man unbedingt mal gestanden haben muss! Es gibt die große und kleine „Bastei", die „Schrammsteine" oder den „Zirkelstein", zahlreiche Schlösser und Burgen, wie die Festung Königstein, Schloss Lohmen, Schloss Kuckuckstein oder die Burg im Kurort Gohrisch. Und wer es schauerlich mag, der besuche doch unbedingt einmal die Felsenbühne Raten. Dieses ist ein Freilichttheater inmitten der Felsen, auf deren großer Bühne nach Sonnenuntergang regelmäßig Theater oder Opernstücke gezeigt werden. Die Aufführung von „Dracula" ist unbedingt zu empfehlen; die Aufmachung ist authentisch, dramatisch, und unvergesslich! Selbstverständlich hindert die Landesgrenze Besucher und Wanderer nicht, einmal die deutsche Seite des Gebirges zu verlassen und die tschechische Seite der Sächsischen Schweiz zu erkunden. Und für Weiterreisende bietet es sich an, mit dem Zug knappe 2,5 Stunden weiterzufahren ... und schon ist man Besucher der „größeren" Schwester Dresdens: Prag!

Doch auch unweit von Dresden reihen sich zahlreiche Schmuckstücke, die es zu besichtigen lohnt. Mit seinen Weinhängen und kleinen Straßenwirtschaften strahlt die kleinere Stadt Radebeul einen Charme aus, der an südländische Regionen erinnert.

Das Wasserschloss in Moritzburg ist eine barocke Schönheit; hier wurde das Weihnachtsmärchen „Drei Haselnüsse für Aschenbrödel" gefilmt, dessen Drehtage man heute noch vermuten könnte, so märchenhaft ist die Anlage! Derzeit findet gerade die Winterausstellung als eine der Dauerausstellungen zum Film statt. Wer Theater liebt, kann hier einmal zu klassischen Puppenstücken, wie zum Beispiel „Kasper, Seppl und ä Mäbbl" gehen und sich ein wenig zurück in die eigene Kindheit versetzt fühlen. Wer hier über Nacht bleiben will, kann gerne in einem der königlichen Zimmer und Ferienwohnungen nächtigen und ... vielleicht am nächsten Tag als Prinz oder Prinzessin aufwachen?

Die Stadt Meißen ist ebenfalls einen Besuch wert, besonders für diejenigen, die mehr über die Porzellanmanufaktur und deren Geschichte wissen wollen. Besucher können dafür die „Meißner Porzellan Manufaktur" besuchen. Für 12 Euro kann man hier zahlreiche Skulpturen, Figuren, Geschirr und anderes aus dem „Weißen Gold" bestaunen.

Auch ein Spaziergang durch die historische Altstadt oder ein Besuch der Albrechtsburg sind sehr beliebt. Das komplexe Gebäude zeigt ebenfalls Ausstellungen und lädt ein, in historische Architektur und glanzvolle Raumgestaltung einzutauchen.

Sehr beliebt sind auch die Fahrten mit dem Dampfer nach Pillnitz, wo das Schloss und die Parkanlage des Dresdner Kurfürsten Augusts des Starken zu besichtigen sind.

Schlusswort

Dresden. Eine Stadt zwischen barocker Historie und hipper Moderne. Sie vereint wie kaum eine andere deutsche Stadt die Kulturgüter ihrer Vergangenheit mit Zügen der Gegenwart.

Dresden. Eine Stadt an der Elbe, die zu abendlicher Stunde im goldenen Licht erstrahlt und deren Gebäude sich auf romantisch-sinnliche Art im Wasser spiegelt.

Dresden. Eine Stadt voller attraktiver Lokalitäten, die Gaumen, Tanzbein, intimes Gespräch und Durst nach jedermanns Befinden zu stillen vermag.

Dresden. Eine Stadt inmitten von Schlössern, Weingütern, Burgen und Bergen, eine Stadt, die schier unendlich alt erscheint, und dabei nichts von ihrem jungen, dynamischen Charakter einbüßt!

Dresden. Danke für den heutigen Besuch in deinen Straßen und Plätzen, den ich bei schönsten Sonnenstrahlen erleben durfte. Meine Kamera ist voll, meine Beine müd und mein Herz beschwingt. So steure ich nun meine Heimreise ins benachbarte Thüringen an und hoffe, bald wieder dein Gast sein zu dürfen!

Zum Schluss möchte ich ein Gedicht des Texters David Klein beifügen. Es ist eine subjektive Beschreibung über Dresden, die nicht nur ein Highlight für Touristen sein kann, sondern vor allem: eine Heimatstadt! Aus der Sicht eines jungen Menschen betrachtet, erscheint die Stadt in ambivalenten Gegensätzen ... und eben deshalb so besonders liebenswert!

DRESDEN - GEDICHT

Geh los und wandre! Die Straßen geleiten

dicht beieinander Sehenswürdigkeiten.

Kirchen, Opern, Terrassen, Synagogen,

werden täglich von den Massen durchzogen.

Die Stadt bleibt dieselbe und fließt doch voran,

so wie die Elbe anders nicht kann;

Sie spiegelt beständig barocke Kulissen.

Die Stadt voll von Glanz, voll von Prunk, voll von

Rissen,

in alten Mauern und zwischen feinen Villenerbau-

ern und armen Schweinen,

die dem gepflegten Stadtbild schaden.

Arme Penner spiegeln sich in Glasfassaden.

Auf die bildungsfernen Schichten, kann man gut

verzichten.

Die sollen sich lieber mal in Prohlis verdichten.

Die wollen wir hier nicht im Innstadtbereich.

Die Mieten gebieten, wir sind nicht alle gleich.

Hier ist man reich und die Häuser sind schick.

Gleich vor der Tür ein Panoramablick,

vor dem der Tourist seine Kamera zückt

und damit seine Freunde in Kamerun beglückt.

Es ist schon verrückt und wirkt so veraltet,

wie das große Geld die ganze Stadt gestaltet.

Dieser Prozess ist überall zu finden.

Darum soll jetzt auch die letzte Wagenburg ver-
schwinden.

Ein Ort für Konzerte und kreatives Leben,

wird für begehrten Wohnraum vergeben.

Doch so ist die Welt, es ist schon ein Drama:

Ohne großes Geld auch kein Elbpanorama.

Ohne großes Geld kein Statussymbol.

Warum wirkt das Geld denn nicht zum allgemeinen
Wohl?

In hohle Projekte fließt ständig Kohle.

     Schüttle deinen Kopf in der Elbmetropole!

Schüttle deinen Kopf zu der Straßenmusik!

Klopf den Beat von dem Lied, wirf dein Geld und
dann bieg,

um die nächste Ecke, da wo nette Leute chillen!

Mach dich auf, entdecke fette Viertel ohne Villen!

Leute grillen in den Parks, ob nachts oder tags.

Ist dein Wille die Gesellschaft, geh hin und wag 's:

Setzt dich einfach dazu und vielleicht landest du,

einen monatlich einmaligen gesellschaftlichen
Coup,

indem die Gespräche den ganzen Abend füllen.

Zarte Nebelschwaden den Park einhüllen.
Man redet über scheinbar viel zu hohe Zäune.
Deine neuen Freunde wollen noch in die Scheune.
Lernen Poesie kennen auf dem Poetryslam.
Viele kühne Künstler auf der Bühne durchkämmen,
Themen Euphorie, nutzen die Energie,
einer Galerie der Textsymmetrie.
Ob mit Textmelodie oder Comedy-Humor,
geht aus der Szenerie ein Gewinner nie hervor,
weil keiner verliert ausgenommen,
die die verdient keinen Applaus bekommen.

Ich sitz auf dem Dach von 'nem Neustädter Haus.
Es ist zwar nicht flach, doch die Pritsche reicht aus,
um von dort aus die netten und schicken
Stadt Silhouetten zu überblicken.
Bekannte Gebäude zieren wie gekonnte
Zeichen der Freude Elbhorizonte.
Bauten wie Damen und Kirchen für Frauen,
bilden Bilderrahmen für die Elbtalauen.
Hügelketten zieren die Seiten,
die die schöne Stadt wie ein Spalier geleiten.
Eisenbahntrassen bilden breite Schneisen
und führen die Massen auf weite Reisen

Vögel umkreisen Türme aus Eisen.

In den großen Gärten nisten Meisen.

Kräne beweisen, Großinvestoren

haben uns noch nie aus den Augen verloren.

Sie geben der Stadt ein fraglich Stempel,

denn diese hat tausend Einkaufstempel.

Und in dem Zeichen der Schönen und Reichen,

kann die bunter Vielfalt einer Stadt erbleichen.

Unter den Eichen und zwischen den Linden,

ist zum Glück noch immer die Kultur zu finden.

Wie der Kostenlosladen auf der Neustadtseite.

Der kann dir nicht schaden bist du mal pleite.

Klamotten zu tragen kannst du entwenden,

ohne zu fragen und ohne zu spenden.

Die Stadt lebt durch Leute mit guten Ideen.

Das kann man auch heute immer wieder sehn.

Wer kann der Neustadt schon ganz widerstehen?

Wenn ich auf der BRN bin, will ich gleich wieder ge-

hen.

Sag auf Wiedersehn du elendes Stadtfest.

Viel zu viele Leute gehen auf dies Stadtfest.

Eine wilde Meute flutet die Gassen.

Wahnsinn findet Beute in den tobenden Massen.

Da wird nicht groß nachgedacht,

ob man grad in Kotze tritt.

Atemlos durch die Nacht

grölt inzwischen jeder mit.

So ein Spaß! Ja famos!

Gar kein Gras mehr, da wo 's

noch eben den Alaunpark gab,

sind nun Haufen Freiluftklos.

Die versperrten Wege sind mir ein Zeichen,

die besseren Konzerte werde ich eh nicht erreichen.

Die bunte Republik ist ein Segen und ein Fluch,

denn ich finde schick endlich hab ich mal Besuch.

Wer der BRN optimistischer begeht,

kann gern bei mir pennen. Ein touristischer Magnet,

zieht die Leute an aus den ländlichen Regionen.

Alle, die noch glauben, es würde sich lohnen.

Doch es lohnt sich zu leben. Auf den Elbweinhän-

gen,

applaudieren die Reben von Elbweinrängen

für die Fahrradfahrer auf dem Elbradweg.

Sieh da ein wunderbarer Elbdampfersteg.

Daran legen an alte Maschinen

Sieh an, man kann in schicken Kabinen

die Landschaft bestaunen und den sächsischen Reiz,
bis hin zu den Auen der sächsischen Schweiz.
Schaufelräder drehen sich wie im Licht eine Motte.
Die größte und älteste Raddampferflotte,
der Welt bringt dich weiter als bis nach Bad
Schandau,
was ich mir doch lieber mit dem Fahrrad anschau'.
Denn der alte Dampfer ist eine lahme Ente,
die meisten Passagiere sind längst in Rente
und fahren da nur mit, weil im Reiseführer steht,
dass auf diesem Ritt die Zeit nie vergeht.
In der flachen Stadt hat das Fahrrad einen Lauf,
muss man nicht gerade die Südhöhe rauf,
denn dann muss ich mit Schwitzten meinen Einsatz
büßen,
kann dann oben sitzen – die Stadt mir zu Füßen.

Im Tal haben bequeme Städter Probleme.
Ohne, dass ich mir jetzt das Recht raus nehme,
mit Gedichten zu richten, denn das wäre nicht klug.
Dafür bin ich selber auch nicht gut genug.
Doch blasse Lippen nippen an der Überschwäng-
lichkeit.
Trübe Augen suchen Halt in der Vergänglichkeit.

Leid und Streit, weit und breit Einsamkeit Lug und Trug,

überrollt ungewollt die Gesellschaft wie ein Zug.

Hotpants sagen dir: „Ich bin jung, schau hin!

Ist es normal, dass ich mit 12 noch Jungfrau bin?"

Die Moral geht dahin, wie der Party-Mob der Nacht

ohne Ziel, ohne Sinn, um zu feiern, dass es kracht.

Man marschiert auf der Line Richtung Dance-Party-Room

und erwacht ganz allein und bereut den Konsum.

Doch der Abend kommt an dem man bestimmt,

dieselben Sachen schon wieder zu sich nimmt.

So sucht man dann in der Lebenslage

irgendeine Antwort, doch vergisst die Frage:

Warum bin ich hier, wer hat mich gemacht?

Was hat mir mein Werdegang gebracht?

Warum sink ich sacht als Lebender in Grab?

Wer hat an mich gedacht, noch bevor es mich gab?

Wenn es Gott gibt, warum kann ich ihn nicht sehen?

Nur wer Gott liebt, kann das irgendwann verstehen!

Werde einmal still! Er hört einen Schrei.

Wer Frieden finden will, kommt an Gott nicht

vorbei.

Es skatet ein Skater vor dem Panometer,
es sorgt ein verdrehter Peter für Gezeter.
Pöbelpunks verkohlen, die die wiederholen,
mit Naziparolen: Vom Polen bestohlen
und vom Briten beritten, hätte dieses Land in Mitten
diesen Kontinents nun genug gelitten.
Na, mir ist Zahl der Spinner ja egal.
Ich hab kein Wahl, denn Dummheit ist legal.
Ich frag mich, worauf die schon hoffen sollen.
Wenn sich Splittergruppen unbedingt zoffen wollen,
dann sollen die das tun, brüllen und buhen im-
merzu.
Die Hauptsache ist, sie lassen mich in Ruh.

Ich finde es wichtig, seine Meinung zu sagen.
Das ist unverzichtbar, sagen Meinungsumfragen.
Doch geht es den meisten in diesen Tagen,
nur darum, auf andere Meinungen einzuschlagen.
Nur um Nein zu sagen, halte ich es nicht für Klug,
sich ein zu reihen in so 'nem meckerndem Zug,
zu demonstrieren, denn mir sagt mein Gespür,
man weiß zwar wogegen, aber selten wofür.

Ich bin für 'ne Stadt voller lachender Gesichter,
in der jeder strahlt, wie am Abend Straßenlichter,
bin für Gänsezucht auf der Wiese ohne Trichter,
für Denker und Dichter sowie für gerechte Richter.

Ich bin für den Begehr, für weniger Verkehr,
den geregelten Verzehr von Früchten von weit her,
für Entwicklung der Zigarette ohne Teer,
ich bin gegen Militär, bin für Regen und das Meer.

Ich hab die Stadt und ihre Seele manchmal satt, in
meiner Kehle
steckt ein Kloß und ich quäle mich durch Tage, die
ich zähle.
Gute Laune hab ich keine und fang zu verbittern an,
bis ich endlich meine reine Landluft wieder wittern
kann.

Doch dann küsst der Sonnenschein den Holunder-
bütenpark.
Ich genieß ein Gläschen Wein an 'nem wunderschö-
nen Tag.
Die Stadt ist voll von Leben, voll von gut gemeinten
Gesten,

ich bin froh und darf zugeben: Meine Heimat ist Dresden.

David Klein

Packliste

Geld & Finanzen

O (evtl.) Auslandswährung
O Bargeld
O Bauchtasche
O Brustbeutel
O Bauchtasche
O EC-Karte
O Kreditkarte
O Notfall-Telefonnummern der Banken
O Portmonee

Hygiene

O Haarbürste / Kamm
O Deo (klein)
O Shampoo
O Kulturtasche
O Sonnencreme
O Taschentücher

O Reise-Zahnbürste und Zahnpasta

O Verhütungsmittel

Kleidung

O Badeklamotten

O Gürtel

O Hosen kurz / lang

O Mütze / Cap / Hut

O Pullover

O Regenjacke

O Schlafanzug

O Socken

O Sonnenbrille

O Sportklamotten / Jogginghose

O T-Shirts

O Unterwäsche

Medikamente

O Blasenpflaster

O Anti-Durchfalltabletten

O Erste-Hilfe-Set

O Fiebertabletten

O Fiebertabletten

O Mückenschutz

O sonstige Medikamente

O Pflaster

O Kopfschmerztabletten

Unterlagen & Papiere

O ADAC Unterlagen

O Adresslisten für Postkarten

O Krankversicherungsnachweis

O Stadtplan

O Führerschein

O Unterlagen für die Unterkunft

O Wasserdichte Hülle für Reiseunterlagen

O Impfausweis

O Mietwagenunterlagen

O Personalausweis

O Reisepass

O Reisetagebuch

O evtl. Studentenausweis

O evtl. Visum

O Zug- / Bahn- / Flugticket

Taschen & Rucksäcke

O Koffer / Trolley / Reisetasche

O Regenhülle für Rucksack

O Rucksack

Schuhe

O Badeschlappen / Hausschuhe

O Schuhe und Wechselschuhe

Sonstiges

O Brille / Kontaktlinsen und Etui

O Buch zum Lesen

O Ohrenstöpsel und Schlafmaske

O Regenschirm

O Reisedecke

O Wasserflasche

O Wörterbuch

Elektronik

O Digitalkamera
O Handy
O Ladekabel
O Kopfhörer
O evtl. Steckdosenadapter
O Power-Bank

Herstellung und Verlag:

BoD – Books on Demand, Norderstedt

ISBN: 9783750494947

© Anita Dietrich 2020

1. Auflage

Kontakt: Psiana eCom UG/ Berumer Str. 44/ 26844 Jemgum

Covergestaltung: Fenna Larsson

Coverfoto: depositphotos.com